lab

MANUEL HERNÁNDEZ

pórtico

Al iniciar estas breves líneas en torno al poemario,
Laberinto, de Manuel Hernández, debo decir que
conozco al autor desde hace, al menos, tres décadas.
Ambos estudiamos en el mismo colegio y luego ingeniería
eléctrica en la Universidad Metropolitana antes de
separarnos en el maremágnum de la vida. Siendo su
familia de origen cubano, Manuel emigró de Venezuela
hacia el año dos mil y se residenció en los Estados
Unidos, donde estableció una familia. Sin embargo, cada
escritor tiene su tiempo, así como su gestación y, para
Manuel, tomaría varios largos años alcanzar el punto de
tener una experiencia inaugural con la escritura mediante
este poemario. Todo ello a pesar de que en los años
ochenta, mientras estudiaba en la Universidad
Metropolitana, participó con gran entusiasmo en el
periódico de dicha institución, Metrovoz. Pero fue
realmente durante el tiempo de la pandemia cuando el
autor vivió profundos cambios y fue en ese punto que me
contactó para que yo le diera un taller personalizado de
literatura, puesto que él quería volcar sus energías hacia
dicho mundo. De más está decir que sus necesidades
expresivas eran efervescentes y, con gran avidez, comenzó
a devorar el material que yo le iba dando en nuestras
sesiones. Al mismo tiempo, fue surgiendo su voz poética y

3

él comenzó la escritura de Laberinto. El proceso se dio mediante desplazamientos emocionales en los que Manuel escribía manuscritos que yo posteriormente curaba y editaba hasta alcanzar la totalidad del texto. Este proceso representó para el escritor sumergirse dentro de él mismo para verse y ver las cosas tal cual son. Mientras eso ocurría, él pudo experimentar con el lenguaje poético, sus diversas modalidades y recursos.

Laberinto es una aventura hacia la propia interioridad del autor. En tal sentido, este poemario es una arqueología del propio ser del poeta. Desde sus primeras páginas, Hernández nos da claves de lo que vendrá en su viaje cuando se asoma y mira hacía sí mismo. De igual manera, hay una multiplicidad de mixturas estéticas a las que apela el autor para dar coherencia a este ensamble. Hay, asimismo, en el texto, una especularidad que se da en resonancias que van desde el propio sujeto lírico hasta dar con sus padres en una suerte de registro de gran emocionalidad, que me atrevería a decir que constituye la esencia del libro.

Manuel Hernández, de igual manera, en su tránsito, se despoja de su máscara, de esa segunda piel que no es más que apariencias para ir al mundo de lo sustancial y de ahí iniciar ese recorrido donde se apela tanto a la imagen fantasmal, onírica, como a la imagen hiperrealista imbricada incluso con recuerdos del exilio cubano. En otros casos, la paradoja está colmada de un preciosismo inaudito: "¿qué hacemos con esta montaña? / dónde ponemos las caminatas que no hicimos / los atardeceres que nos perdimos / las casas que no habitamos". Como puede verse, Hernández alcanzó un exquisito grado de depuración en este texto que lo sitúa como una voz muy singular. Hay, de igual modo, pasajes en los que el poeta recrea imágenes de su ciudad, Caracas, tal como ocurre en "Las guacamayas" y "El Ávila". Obviamente ello se da en el contexto de una mirada retrospectiva hacia sus propios orígenes que es, fundamentalmente, lo esencial de este libro; la mirada especular y hacia sus orígenes.

En algunos casos, las imágenes son de naturaleza kitsch, como puede verse en su poema "Fake" cuando expresa: "…arbolitos plásticos / flores de mentira / viajes interestelares / en pleno día / una canción que no llega…". En esta oportunidad están las reminiscencias a las estéticas de los años setenta que marcaron la infancia de Manuel y que dejan huella de ese viaje retrospectivo al que he aludido más arriba.

En conclusión, queda claro que, Laberinto, con sus alusiones al génesis del autor marca un momento iniciático y de algún modo representa un viaje inaugural dentro del contexto de su experiencia literaria.

José Antonio Parra

Caracas, agosto 2023.

toc toc toc

Tocan la puerta. No ve a nadie. Escucha atento. Es un ruido seco y opaco. Está cerca.

Sólo un árbol a la vista. El sonido viene de adentro. Con curiosidad lo rodea. Busca agujeros por donde quepa un animal. No hay entrada o salida del árbol. Incrédulo, se acerca.

Lo toca. Siente golpes. Tantea. Consigue su origen. Vienen de adentro.

¿Qué desventurada criatura quedó atrapada y cómo? Sin nadie alrededor, decide rescatarla. Consigue una piedra triangular afilada. Al abrirse paso, los golpes adentro aumentan en intensidad. La mezcla de ansiedad y emoción le sirve de combustible.

Toc toc toc. ¡Va a salvar a este pobre animal atrapado!

Siguió por más de una hora. El sol caía despacio. Estaba decidido a completar el rescate. Cavaba. Estaba cerca.

Entonces, cuando logró romper aquella pared de corcho, cayó en su mano una roca triangular. Había caído desde el otro lado, y ante él estaba él mismo.

viajemos

a la ciudad

de los techos de coral

donde se entierran

las memorias entre palmeras

no temas

es seguro

les habla su capitán

iniciamos el descenso

gracias por haber volado

más volúmenes

epístolas
discursos
ensayos

no quedan rincones
ni prólogos

la máscara

detrás de esos pliegues
se esconde alguien

aún veo tu cara desnuda

no tengo

no tengo recuerdos ni acuerdos que cumplir no tengo palabras que signifiquen mayor cosa no tengo niño ni perro ni casa no tengo juguetes ni comida ni techo ni ropa no tengo sueño no tengo hambre no tengo agua ni café no tengo comentarios no tengo programas de medianoche no tengo películas viejas no tengo ganas no tengo cuentas no tengo dinero no tengo deudas no tengo propiedades no tengo frío no tengo esperanza no tengo ganas no tengo que irme no tengo que quedarme no tengo que volar ni tengo que avanzar no tengo que reunirme con nadie no tengo que armar presupuestos no tengo que dar vueltas por todos los pisos no tengo que convencer gente de todos los departamentos no tengo que fingir no tengo que pretender que me interesa no tengo nada guardado no tengo agujeros por los que se escurren las monedas no tengo que seguir en esta isla no tengo que conseguirme a mí mismo no tengo que seguir prescripciones de ningún doctor

sábado en la mañana
brioche y café

vapor y lagartijas
un laberinto verde

seis pisos de ansiedad

toco dudoso

una hilera tras otra
un universo de letras

el pasado y el futuro

en tierra
cruzan miradas

deambulo
busco encontrarme

y la oscuridad
queda

tatuaje

la aguja vibra

el gato se forma

somos un grano más

bailamos a su ritmo

flotamos

transpiro

gotas de tinta

en esta burbuja

llegamos a la cima

nubes y estrellas

a nuestro alrededor

cierran los ojos

esta soledad

se cuela

esta soledad

trae recuerdos
de sábados y domingos
            sin planes

esta soledad

confesiones

brotan historias
clandestinas

vendavales
sin aviso

corazones
desbordados

tocan la puerta

dicen lo indecible

campanas

calendarios

temporadas

temporales

un colibrí flota

un minuto

la una y cuarto

todo

se

puso

más

lento

quisiera

decirlo

todo

pero

no

quepo aquí

espera

pasa gente
enmascarada

despiertan
ocasionalmente

luego
quedan en silencio

brotan los recuerdos
la pulsera que guardaba mamá
para fechas especiales

la vajilla para otros momentos

pasa un camión
repleto de historias

algunas refrigeradas

veo la grama adolorida

hoy no hace calor

miami beach
carnaval y
güiro

el mar silba
cuando salí de cuba
cada mañana

hoteles
de vidrio

shopping en
lincoln road
al mediodía

palomilla
jamberguer y
frappucinos

a dolores

¿quién eres tú?

llego
de mi diario
paseo

tropiezo

¿te conozco?

cuando salí brillaba el sol
del 22 de mayo de 2021

ahora cae la noche
del 23 de junio de 1952

¿crecimos juntas?

recuerdos

yo soy de Pinar del Río

extiendo mis alas

me vine a Caracas muy joven

un mes y pico

del calendario

¿quién eres tú?

yo me quedo

un rato más

paranoia demencia y humo

I

Mi abuela hablaba con gente que no estaba ahí. Vivíamos en el este de la ciudad, con miedo a que nos escuchara la G2 cubana desde un vehículo con ventanas oscuras.

Al principio era imposible distinguir entre la paranoia y la demencia. Las dos se vestían igual. En días de fiesta, con mucho sol y güisqui, podían confundirse.

Un día se rompió el himen de nuestras creencias. Nos burlábamos de todo. Teníamos las respuestas a todas las preguntas.

"Esa persona murió hace mucho tiempo, abuela."
"En esa foto no hay una lanza apuntando a tu cabeza, mamá."
"No nos están robando el agua, abuela. Es imposible."
"No pudo entrar nadie en tu casa, mamá."

II

—Mamá, ¿dónde estás? Tengo rato aquí afuera, esperando por ti.

—Me llevaron a mi casa cuando salí de misa. ¿Cómo estás tú?

—Mamá, ¿recuerdas a tu hermano mayor?

—Sí, claro. ¿Cómo ha estado?

—Murió, mama. —Su cara cambió.

—Tenemos que llamar a la familia

Mientras llamaba a mi prima, su cara cambió de nuevo. Donde antes había un rictus de tristeza, brotó una inocente sonrisa.

—Estoy con mi mamá. Le acabo de dar la noticia. Creo que ya no lo recuerda— dije en voz baja.

—No te preocupes. Es mejor así.

III

En agosto, una caída. Una fractura. Una visita al hospital y sus
últimas palabras:

"De cómo ha sido el humo
De cómo ha sido el humo
Del humo como ha sido el humo el humo
De cómo ha sido el humo…"

En febrero se reunió con su hermano.

preñada de muerte

"Tengo sus cenizas en una cajita, en un sitio seco y sin mucha luz." Estas fueron sus primeras palabras después de tres años sin hablar. La muerte de su madre lo había dejado mudo.

Batallas campales, insultos a mansalva. Era demasiado todo.

Domingo, día de misa.

infinito

tu vuelo

tus alas

tendidas al aire

tu mar

tus olas sin tregua

infinita

tu mirada

tu sonrisa eterna

el amor de la madre

llegué a la encrucijada
y esperé solo

millones de segundos

los ángeles

caminar hacia la comuna

de noche
disuelto

escaleras abajo
ardiente incienso

memoria indecisa

inerme

cincuenta cebras
cabalgan
junto a un enjambre

bramido infinito

rojo cielo
de hace veinte años

¿qué hacemos con esta montaña?

dónde ponemos las caminatas que no hicimos

los atardeceres que nos perdimos

las casas que no habitamos

¿dónde caben todas las fotos?

¿dónde pongo este dolor?

música de espera

mientras huía
me dieron malas noticias

perdí mi ropa
y mi maleta

y mi dignidad

pero no temas

todo está bien

cuento

meses
semanas
horas

cuento minutos

cuento pasos
de un viaje

se dobla la llama

mi piel se derrite

segundo a segundo

no recordamos

el camino de llegada

ni sabemos cómo salir

llegan

una hechicera

y tres magos sin reino

este es un nuevo camino

el murito

silbo

      sin riesgos

al doblar la esquina

los pájaros
venían a mí

un día salté

y rasgué

la pantalla

las líneas se volvieron
mallas y sábanas

un día de enero

viajo

de la terraza al aire

del bosque al aire

cae un clavel del cielo

de fin de año

de fin de mundo

papá

sueño con ojos de otra mirada

fuera de este cuerpo

y esta noche caliente

te veo como te recuerdo

en una foto de 1982

sobrevivientes

sus sonrisas

ausentes

temblaron

sus miradas

desterradas

en el fuego serpentean

entre árboles

que cabalgan

en el vaivén de los días

dogs

rompes amarras

paras el tráfico de aviones

das tumbos por canales

rumbo al gran río y al gran mar

eres el mago en la cuerda floja

el universo que vibra

eres el indigente que apesta en la estación

y en derredor cocinan

tu última cena

eres el perro que huyó

y atraviesas calles desconocidas

mientras esperas una jaula piadosa

eres el adicto

el débil

la tabla que flota en la corriente

palabra prohibida

trepas por los rosales

ensartas tus recuerdos afilados

olor a lavanda y miel

conjuras
intentas

y un grafiti
frente a la morada
de una adolescente obsesión

él y su cielo de nubes adorables

ella y su paraguas de sol

sus sonrisas

signo de rabia velada

índigo

increpa

mi montaña

las guacamayas

Aunque alguna que otra viaja sola, la mayoría de ellas surca el aire en pareja. Con una algarabía que despierta antes de salir el sol, ellas festejan cada día con entusiasmo decembrino. Y en el atardecer resplandecen.

el ávila

Me evade la mayoría de los días. Con nubes, con ventanas que dan al lado equivocado. Pero regreso a él, me siento y escribo mientras lo contemplo. No envejece. No me cansa. Lo recorro y lo aprehendo de nuevo.

aletea

se esfuma

no queda sino el viento

terciopelo

color cielo

locura

descuidada

In dreams, I walk with you

In dreams, I talk to you

rejas

detrás de rejas

detrás de barras

tu casa

era tu cárcel

por propia decisión

torres de arena

poco después de las dos

el *happy hour*

la tierra hervía y vibraba

escupía risas

todopoderosa

lake whatcom

árboles enormes

y gigantes

árboles peludos

con dientes

con dedos

y tentáculos verdes

fake

media vida más tarde
empieza la vida de nuevo

arbolitos plásticos
flores de mentira
viajes interestelares
en pleno día
una canción que no llega

otro estado
otra ciudad
amores amarillos
olores privados

el cielo cae

viajan a destiempo
por un pasillo de espejos

sus imágenes repiten ecos

al fondo
la silueta de un cuervo
y una grafitera con tijeras

sígueme
ángel mío

despuntó la luz de la mañana

quédate

      conmigo esta noche

          hasta reencontrarnos

             otra vez

                en otra vida

es liberador

vivir en el sitio más ardiente

entre los participantes

de una conversación

hay una industria

en el divorcio

en la pornografía

en el complejo aeroespacial

vamos a dar el ejemplo

terminemos esto

como gente civilizada

vorágine turbulenta

It's All Over Now Baby Blue

a veces pregunto
a mi sombra
cuánto falta

no responde

solo me sigue
en silencio

el calor
el paso
arrecian

sigue
sin hablarme

cae el sol
volteo

aún está ahí

me pregunto
por el tiempo perdido

persiste

en la oscuridad

aunque no la veo

antes de dormir

un susurro

no temas

encontrarás tu tiempo

tu instante preciso

después de ti

ruedo descalzo
por una senda

naranjas aletean a mi lado

no hay duendes
ni erizos

solo una diosa y una esfinge
sonríen

nuestro lugar
con el alma abierta

tal vez la lluvia

tal vez la infancia

tal vez los truenos

tal vez el deseo

un tango

un texto

mi visión infrarroja

dobla tus esquinas

lake baldwin

cada mañana ahí

sentada
de cara al lago

sus brazos
como alas

en la distancia

saldo

leo *algunos morirán*

mi teléfono despierta

sabe algo que yo no sé

quizás sus días estén contados

american

A cuatro horas de Miami, me espantó una imagen que se sentía tan real como terrible. Sentado en el pasillo de la fila de emergencia alcancé a ver unos momentos adelante. Al correr la cortina del tiempo, la nave tembló.

Por una eternidad todo se sacudió a mi alrededor. Temblaban los asientos. Vibraban los paneles del techo. Se turbaban las almas de los 255 pasajeros y tripulantes de aquel 737 de American Airlines rumbo a Phoenix.

Las bebidas volaron como una lluvia dentro de la cabina. Mi vecino gritaba sin pudor, no sé si por la quemadura de su café caliente o por la culpa de un pecado sin confesar.

Por el sistema de sonido se escuchaban palabras. Yo sólo entendía que ese era el final. Hasta ese momento llegaban los romances, las esperanzas, las angustias, los planes y las carreras. Los cumpleaños, alguna que otra empresa que quebraría y hasta un grupo de feligreses que se dispersaría tras la desaparición de su pastor.

Cuando pude entender las palabras, abrí los ojos. "Señores pasajeros, estamos llegando al final de nuestro viaje. Nos aproximamos a la ciudad de Phoenix."

La mayoría de los pasajeros, como yo, despertaban de su letargo en el aire. Y junto a la ventana de emergencia, mi vecino se frotaba con insistencia la camisa para limpiar la mancha de café.

sedan en *downtown*

él lo reconoce
en el tráfico

lo alcanza
es plateado
modelo 67 o 68

ve una figura
sentada atrás

es él mismo

laberinto de calles estrechas

los edificios casi se tocan

un cómodo abismo

corro

hacia donde sale el sol

la persigo

nubes flotan

un umbral

ya no soy más nada

cruzo el continente

cruzo el continente

con todo lo que tengo

vías eternas

lagos de mentira

sonrisas y saludos

debajo del toldo

tú

en silencio

en el saco de dormir

toqué la puerta

el santero me saludó

me dio la bienvenida

el loco maximiliano

asoma sus colmillos

por última vez

el viento

las bienvenidas hechizadas

                                        palmas

                                        coplas

                                        frutos

                                         cantos

                                        ángeles

                                         licores

                                        mortales

                                         vainas

                                        cofres

                                        cajas y cercas

rebosa el metal

reduce la carga

se tuerce

se olvida

se cae

aquella mente fractal

cruzó la calle

sin ver a los lados

flotó confiada

río crecido

río olvido
río sin riberas
río dictado
río de noche

río de ayer
río torcido
río triste

la duda

un trago amargo del mundo conocido

un   gran   cañón   cósmico

\   con brazos abiertos   /

el vacío que

nunca llegó

flotaba
rumbo
al
sol

gigantes espantajos

en torno a mi

como legos deformes

no encajan

chocan

se voltean

no encuentran

cómo cuadrar

cómo calzar

máscaras

dobles o sencillas

decoradas o espartanas

cubren la nariz o la asoman

sostienen la barba o tapan los ojos

en espacios cerrados o en conversaciones

las apartan para hablar por teléfono

en la multitud se ven muy pocas

por decreto o por elección

empañan los lentes

máscaras

el golpe

No sé qué es ese sonido seco. Viene de todas partes.

Los perros aúllan acompañando esa sinfonía que empieza a
sacudir todo. Primero la mesa y las sillas del comedor se
estremecen. Luego se mecen los libros y los discos de vinilo. La
televisión se mueve hacia adelante y hacia atrás.

Estamos en un bote en medio de una tempestad, pero no hay
agua y no hay viento. Solo un sonido que ya abarca toda la
cuadra. Los pájaros huyeron hace rato.

Las paredes ya empiezan a sacudirse y los carros en la calle
saltan en el aire. Los árboles lloran. El poste de enfrente se
menea peligrosamente, amenazando con sus brazos extendidos.

Ya no es posible mantenerse en pie. Todo vibra. El piso se aleja
y se acerca. Mi voz se perdió, no la consigo. No consigo
calmarme con todo este sobresalto.

De pronto, el techo explota. El sonido no puede contenerse. Se
escapa a toda la ciudad. No hay donde esconderse. Todo se
estremece. Es el apocalipsis. Ya no oigo nada. Mis oídos
estallaron hace horas. Solo veo los subtítulos a mi alrededor.

Cuando llega la noche, no se ve nada. Todas las luces se han
apagado. No sé dónde es arriba. Nos golpeamos con todo,
entre todos.

la casa de marco es amplia

caben espíritus y mundos

en la casa de marco caen mangos y manzanas

las chicharras cantan
y pasan motos

las horas pasan en la casa de marco

se menean al ritmo de las llamadas

marco cuida de su casa
y de los que la visitan

la casa de marco
es un hogar
sin historias
ni pasado

debemos crear una bandera

una gran elástica

me hala
hacia atrás

hacia acá

hacia ella

volaba de regreso

trepo hacia la luz
hacia otra orilla

por otros medios

el   gong

llenó   el espacio   la fe comenzó justo

donde
la razón   cayó exhausta

detrás de mi

voces

otro mundo   detrás del cristal

me siento pleno   frente a la

ventana

me llena su harmonía   existo
en sus mundos

un árbol nace de un muro   y muere

un día

sus restos   regresan
        en los hombros de los hongos

A veces debemos ignorar las ideas que se nos ocurren. Algunas son verdaderamente malas. Debemos dejar que se descompongan en el olvido. Pero en ocasiones se aprende a vivir -y a morir- a golpes.

Esa semana habíamos postergado la salida varias veces. Nuestras vacaciones casi llegaban a su fin. Era pasada la una de la mañana del viernes y mi mejor amigo y yo pensamos: "es ahora o nunca". Nunca pensamos.

Desde la capital, estimamos que solo tendríamos que mantener el rumbo hacia el este durante unas cinco horas. En nuestro destino nos esperaban todas las criaturas prometidas de los libros de cuentos de nuestra infancia. Vivían más allá de la última montaña, en una hermosa playa escondida.

En aquella época antes de los teléfonos inteligentes y los GPS, saqué la brújula que me había regalado papá antes de llegar a la universidad. Era "para orientarme". Tomamos la única ruta posible.

En el asiento de atrás llevábamos unas baguettes, unas latas de jamón endiablado, queso de untar y cerveza. El carro, con un tanque lleno de gasolina, se preparaba para su canto de cisne. Nosotros cantábamos por el camino.

Unos kilómetros fuera de la ciudad las parcas luces de la carretera de curvas nos hicieron bajar la velocidad. Bajamos las ventanas para disfrutar de la brisa de la noche. El viento nos jugaba trucos: su voz de lechuza parecía querer advertirnos algo.

Alrededor de las 3 de la madrugada alcanzamos una población llena de diablos danzantes o quizás imaginamos que eran diablos. Todos reían a nuestro paso, quizás anticipaban nuestro destino. El ritmo de los tambores quedó detrás y con él nuestro último contacto con la civilización.

Unos bachilleres con sentido común se hubieran unido a las festividades del pueblo antes de seguir adelante. Pero nosotros teníamos que cruzar el cerro que nos separaba de nuestro destino: no podía faltar mucho para llegar.

Aunque nuestro carro no estaba hecho para caminos rústicos, insistimos. Sabíamos que la brújula no mentía y nos adentramos por una vía de tierra poco transitada. A pesar de cruzar una enorme telaraña que abarcaba el camino a todo lo ancho, seguimos adelante.

La confianza mermaba cuando vimos unas luces en la distancia. Parecía un caserío junto al mar, estimamos al apagar el motor y escuchar un susurro de olas. Al retomar el camino, un murciégalo revoloteó frente a nosotros; buscaba espantarnos, pero lo ignoramos.

Aquella montaña no nos quería. En su idioma de bestias, maleza y piedras nos trató de avisar que debíamos devolvernos, pero la ignoramos.

Poco después de las cinco de la mañana, a mitad de una curva, bajé la vista a verificar la dirección en la que apuntaba la brújula. No se movió. La brújula no se movía.

Cuando levanté la vista el carro estaba en el aire. Mi brújula inmóvil nos condujo directo al fondo del mar.

colgué los cuadros

la mirada de Elizabeth Taylor
hipnotiza desde la esquina

no logro colgarla

al apagar la luz
su aliento rebota en las paredes

días como estos

nuestras manos traspasan

agradecimientos

a José Antonio Parra, por mostrarme la entrada a este hermoso mundo

a Kira Kariakin, por tu ojo certero y tu consejo desinteresado

a Claudia Noguera Penso, por tu confianza en este proyecto

índice

acerca del autor

Manuel Hernández (Caracas, 1972) estudió ingeniería eléctrica en la Universidad Metropolitana y completó su postgrado en la Universidad de Cornell. Desde su diagnóstico con diabetes en 2002 se ha mantenido como luchador por los derechos de las personas con diabetes a nivel global.

Poeta desde el colegio, se desempeñó como Editor de Opinión en el periódico de su universidad. A su llegada a Estados Unidos en 2000, fue Editor de Tecnología del portal bilingüe *QuePasa*. En 2009, escribió *Ning For Dummies*.

A mitad de la pandemia se reencontró con su amor por la lectura y la escritura y ha participado en talleres a cargo de José Antonio Parra, Ricardo Ramírez Requena, Hernán Vera, Gisela Kozak, Rodrigo Blanco, Keila Vall de la Ville y Giovanna Rivero.

Sus textos han sido incluidos en antologías, portales y revistas como *Casapaís* (2023), *Con la urgencia del instante* (editado por Luis Alejandro Ordóñez en 2022), *Center of Attention: Poems on Stockton and San Joaquin (Tuleburg Press, 2023)* y *El Beisman* (2023).

Laberinto es su primer poemario. Actualmente reside en Orlando, Florida.

Redes: https://linktr.ee/askmanny

playlist

El autor hizo una curaduría de canciones para acompañar la lectura del poemario.

Puedes acceder a la lista escaneando este código QR con la cámara en tu teléfono.

Laberinto

Manuel Hernández

The Book Zone

ISBN: 9798862684650

Miami, Florida 2023

Coordinación editorial y edición: Claudia Noguera Penso

Diseño: The Book Zone / Jugelis Casanova

Imagen: Andreina Dávila

(http://andreinadavila.com)

The Book Zone

Miami, Florida

IN: thebookzone.publishing

FB: The Book Zone

Mail: thebookzonehouse@gmail.com

Made in the USA
Las Vegas, NV
23 April 2024

89051446R00056